100人が語る

戦争とくらし

① 子どものくらし

《監修》大石学
（東京学芸大学副学長・時代考証学会会長）

100人が語る 戦争とくらし
1 子どものくらし　[もくじ]

 はじめに [戦争に関する地図・年表] ……… 4

1. 戦争の始まり

8　日中戦争が始まったころの **小学生の1日**

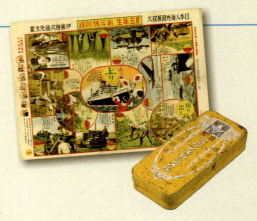

10　尋常小学校
12　教育勅語
14　慰問袋
16　戦争かるた
18　戦争のお話　戦争中の世の中で感じたこと

2. 戦争の激化

20　太平洋戦争のころの **働く少国民**

22　国民学校
24　手旗信号・モールス符号
26　軍事教練
28　勤労動員
30　学童疎開
32　戦争のお話　つらい疎開生活と人のやさしさ
34　戦争のお話　海に沈んだおそろいのズック

この本を読むみなさんへ
東京学芸大学教授　大石 学

　大きな被害とともに迎えた戦後も70年以上が経ち，戦争体験者が身近にいなくなっています。戦争に関する資料も少なくなっています。この本では，戦争中に使われた道具や言葉を説明しながら，くらしのようすや人々の気持ちを描きました。戦争を体験した方々のインタビューを元にした，まんがやお話のページも入れています。当時の人々の気持ちに寄り添い，読んでいただけたら幸いです。本書によって、戦争について知るとともに，戦争が起こると，日常のくらしが変わり，あたり前に会っていた人と会えなくなる。そんなことも想像してみてください。そして，体験者の方々から未来を生きるみなさんへのエールを感じ，未来を生きる力にしていただければと願っています。

3. 敗戦から復興へ

- 36 戦後の 子どもたちのくらし
- 38 青空教室
- 40 戦災孤児
- 42 【戦争のお話】原爆孤児であることをかくして
- 44 進駐軍と戦後の遊び

➡ さくいん・用語解説 ① ……… 46

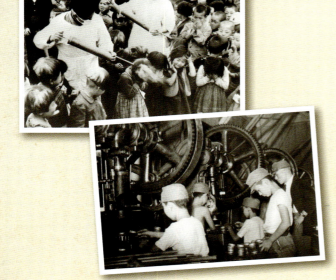

★ この本の使い方

「100人が語る戦争とくらし」は、3巻で構成されています。戦争中に使われていた言葉など、説明が必要な言葉は、以下のように見ていきましょう。

見出しの右横の言葉

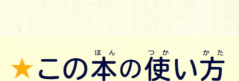

→指定する巻のページに言葉のくわしい説明があります。

本文中の注

神社のような建物で、ほとんどの学校には、校舎の中に奉安室という部屋が殿の前を通るときは、最敬礼*1をして
※1 最敬礼…上体を45度前に傾けて、深くお辞儀すること。

→このマークがついている言葉は、ページ内にくわしい説明があります。

はじめに [戦争に関する地図・年表]

太平洋戦争の戦局地図

1 日中戦争勃発 1937年7月7日
2 真珠湾攻撃 1941年12月8日
3 マレー沖海戦 1941年12月10日
4 シンガポール占領 1942年2月15日
5 ミッドウェー海戦 1942年6月5日～7日
6 ガダルカナル島撤退 1943年2月1日～7日
7 アッツ島全滅 1943年5月29日
8 サイパン島全滅 1944年7月7日
9 レイテ沖海戦 1944年10月23日～25日
10 硫黄島全滅 1945年3月17日
11 沖縄戦 1945年3月26日～6月23日

日本勝利、優勢　日本敗北、劣勢

❶ ⬆全国の小学校に奉安殿が建てられ、天皇は神であり、日本は神の国であると教えられていた。（→13ページ）

❷ ⬅全国の小学校で、慰問袋が盛んにつくられる。（→15ページ）

❸ ⬅子ども向け雑誌も戦争一色になる。（→17ページ）

年	おもなできごと	子どものくらし
1931（昭和6）	◎日本の関東軍が柳条湖で南満州鉄道を爆破し、これを中国軍のしわざとして満州全域を支配する（満州事変）。翌年3月、満州国の建国を宣言。	◎田河水泡がマンガ「のらくろ二等卒」を『少年倶楽部』に連載開始。
1932（昭和7）	◎5月15日、海軍の青年将校らが犬養毅首相を暗殺（五・一五事件）。◎満蒙開拓団が満州に移住を開始。	◎農村や漁村の欠食児童が20万人を超える。
1933（昭和8）	◎国際連盟が日本に対して満州からの撤退を勧告。日本はこれを不服として国際連盟を脱退。	◎ヨーヨーが大流行。
1936（昭和11）	◎2月26日、陸軍の青年将校らが首相官邸などを襲い、東京の中心部を占拠（二・二六事件）。	◎プロ野球公式戦、ベルリンオリンピックが開かれる。
1937（昭和12）	①北京郊外の盧溝橋で日本軍と中国軍が衝突。日中戦争がはじまる。	❶天皇のために生きることを述べた「国体の本義」が全国の小学校などに配られる。
1938（昭和13）	◎国家総動員法が制定され、すべての国民や物資を戦争目的のために動員できるようになる。	❷このころ、全国の小学校で、慰問袋がさかんにつくられる。
1940（昭和15）	◎日本軍が、フランス領インドシナ北部に進出。◎ドイツ・イタリアと日独伊三国同盟を締結。	◎「ぜいたくは敵だ！」の看板が街に登場する。
1941（昭和16）	◎アメリカが日本への石油輸出を全面禁止。②12月8日、日本軍がハワイの真珠湾にあるアメリカ軍基地を攻撃し、太平洋戦争がはじまる。③マレー沖海戦◎日本軍がグアム島を占領。	◎全国の尋常小学校が国民学校となる。◎国民勤労報国協力令による勤労奉仕が義務づけられる。
1942（昭和17）	④日本軍がマニラ、シンガポールを占領。⑤6月、ミッドウェー海戦で日本軍がアメリカ軍に大敗。	◎「愛国百人一首」「愛国いろはかるた」などが登場。❸子ども向け雑誌の内容の多くが戦争関連のものになる。

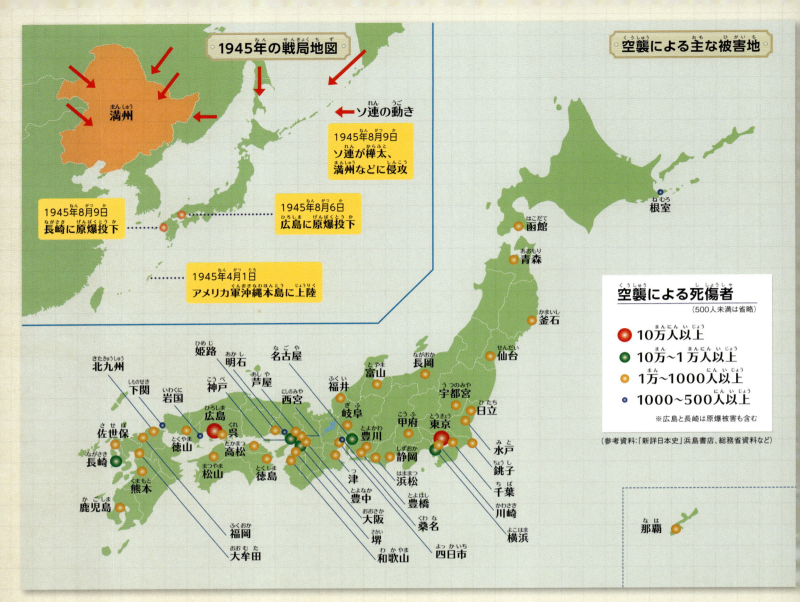

1945年の戦局地図 / 空襲による主な被害地

ソ連の動き
1945年8月9日 ソ連が樺太、満州などに侵攻
1945年8月9日 長崎に原爆投下
1945年8月6日 広島に原爆投下
1945年4月1日 アメリカ軍沖縄本島に上陸

空襲による死傷者（500人未満は省略）
● 10万人以上
● 10万〜1万人以上
● 1万〜1000人以上
● 1000〜500人以上
※広島と長崎は原爆被害も含む

（参考資料：『新詳日本史』浜島書店、総務省資料など）

← 勤労奉仕として、小学生も工場などで働いた。（→29ページ）

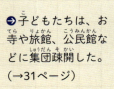

→ 子どもたちは、お寺や旅館、公民館などに集団疎開した。（→31ページ）

↑ 戦争で両親をなくした戦災孤児は、12万人以上にのぼった。（→41ページ）

年	おもなできごと	子どものくらし
1943（昭和18）	⑥日本軍がガダルカナル島から撤退。 ⑦アッツ島の日本軍が玉砕（全滅）。 ◎同盟国のイタリアが無条件降伏。 ◎兵力の不足をおぎなうため、20歳以上の文科系の大学生らが徴兵される（学徒出陣）。	◎英語を使った野球用語などが日本語化される。 ❹学徒の勤労動員が強化。 ◎空襲に備えて、東京の上野動物園の動物が殺される。
1944（昭和19）	⑧サイパン島の日本軍が玉砕。これ以後、アメリカ軍爆撃機による日本の本土空襲が本格化。 ⑨レイテ沖海戦に敗北。	❺学童疎開がはじまる。 ◎沖縄からの疎開船「対馬丸」がアメリカ軍の攻撃により沈没。
1945（昭和20）	◎3月10日、東京大空襲により、約10万人が死亡。 ⑩3月、硫黄島の日本軍が玉砕。 ⑪4月、アメリカ軍が沖縄本島に上陸。 ◎5月、同盟国のドイツが無条件降伏。 ◎8月6日、広島に原爆が落とされる。 ◎8月8日、ソ連が日本に宣戦布告し、翌日、樺太、満州などに侵攻する。 ◎8月9日、長崎に原爆が落とされる。 ◎日本はポツダム宣言を受諾し、8月15日、無条件降伏を発表。 ◎9月5日、ソ連の北方領土占領が完了。	◎学童疎開が強化される。 ◎国民学校初等科以外、1年間授業停止が決定。 ◎沖縄戦で兵士の看護にあたった「ひめゆり学徒隊」の女学生たちが亡くなる。 ❻戦災孤児が12万人を超える。
1947（昭和22）	◎戦争の放棄を定めた日本国憲法が施行される。	◎学校給食が再開する。 ◎新しい学校制度（小学校6年、中学校3年）がはじまる。
1951（昭和26）	◎サンフランシスコ平和条約締結。翌年、日本が独立を回復。	
1956（昭和31）	◎シベリア抑留者の最後の引揚船「興安丸」が舞鶴港に到着。	
1972（昭和47）	◎5月、沖縄が日本に復帰。 ◎日本と中国の国交が正常化。1981年より中国残留日本人孤児の日本への一時帰国と肉親探しがはじまる。	◎日中国交正常化を記念して、中国から東京の上野動物園にパンダがおくられる。

1. 戦争の始まり　　　　　　　　　　　　　　　　　　2. 戦争の激化

日中戦争が始まったころの
小学生の1日

日中戦争が始まった昭和時代の初めごろ、小学生の子どもたちはどんな生活をしていたのでしょうか。今の生活とくらべてみましょう。

登校

↑低学年の子から順に、一列に並んで登校しました。近所の人や先生に会ったら、ぼうしを取って「おはようございます！」とあいさつしました。

朝礼

↑朝礼は毎日。生徒は校庭に出て、組ごとに一列に並び、校長先生や週番の先生が注意や目標などを話しました。夏の暑い日は、熱中症で倒れる子どももいました。

掃除

↑学校の掃除はみんなでやりました。木造の校舎をぞうきんでピカピカにみがきました。

放課後

↑放課後は自由な時間。川で魚つりをしたり、貸本屋に行ったりと、友だち同士でいろいろな遊びをしました。小さい妹や弟がいる子どもは、おんぶをして世話をしながら遊んでいました。

3. 敗戦から復興へ

まさる
（尋常小学校3年）

学校が終わると毎日、近所の同級生と外で遊んでいました。自分たちでいろんな遊びを考えました。

担任の先生がいろいろな本を読んでくださったので、あたしも本が大好きになりました。

ゆき子
（尋常小学校1年）

授業

弁当

↑男組と女組に分かれて2人用の机に2人ずつ並んで静かに勉強しました。姿勢が悪いと、先生から背中に竹の物差しを入れられて注意されました。

↑多くの家庭が毎日の食料に困っていて、麦飯やさつまいもだけの弁当だったり、なかには弁当を持ってこられない子もいました。

帰宅後

↑子どもたちはきょうだいで仕事を分担して、夕食のしたくや風呂の用意など、家事を手伝いました。夕食の後は、勉強や読書などをして過ごしました。

1. 戦争の始まり　　2. 戦争の激化

尋常小学校

→ 国民学校 1巻 22ページ

日中戦争が始まったころの子どもたちは、尋常小学校で勉強していました。

国語の授業

尋常小学校とは

尋常小学校は、昔の小学校の呼び名です。1886（明治19）年から1941（昭和16）年までの55年間、そう呼ばれていました。現在の小学校と同じ義務教育のための学校で、1907年3月までは学年が4年生までしかなく、4月から6年生までになりました。

尋常小学校の教科

尋常小学校には、今の学校にはない教科がありました。「修身」という教科では、「愛国心（国を第一に思う心）」「親孝行」「公益・奉仕」「勤労・努力」など、当時の子どもたちが守るべき道徳を教えました。また、「国史」という教科は、『古事記』などの神話をもとに、天皇は現人神（人の姿をした神）であり、日本は神の国であると教えていました。

◎5年生女子の時間割の例

	月	火	水	木	金	土
一	修	体	算	修	修	国
二	算	算	理	国	体	裁
三	体	算	国	算	算	裁
四	地	国	史	史	音	体
五	国	理	習	綴	地	画
六	習	綴	体	音	武	

修＝修身…道徳
算＝算術…算数
体＝体操
地＝地理
国＝国語…国語の読み方・話し方
習＝習字
工＝工作
理＝理科
綴＝綴り方…作文
史＝国史…日本の歴史
音＝音楽
武＝武道…1939年から加わった
裁＝裁縫…女子だけの教科
画＝図画

ぼくが学校で習ったこと…

日本は神の国で、天皇は現人神だと、先生から教わりました。日本は、アジアの国のために正しい戦争をしているので、ぼくたちは、お国のために命がけで戦っている兵隊さんを応援しなければいけないと思いました。

3. 敗戦から復興へ

←授業のようす
女組の授業です。尋常小学校の3年生以上は、男子と女子のクラスが別々なのがふつうでした。また、男子と女子では習う教科がちがいました。
【伊丹市立博物館】

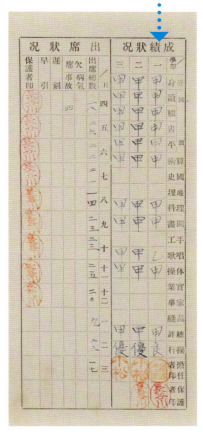

成績

→4年生の通知票(成績表)
10点制、「優・良・可」の3段階、「甲・乙・丙・丁」の4段階など、評価の方法は学校ごとにさまざまでした。【札幌市】

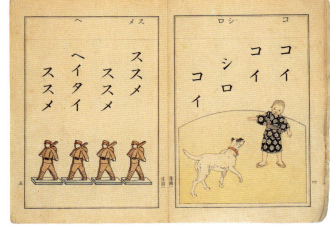

←1年生の国語の教科書
最初に「サイタ サイタ サクラ ガ サイタ」という文を習います。次のページをめくると、「ススメ ススメ ヘイタイ ススメ」という文が出てきます。この教科書は、1933年から1941年までの8年間使われました。
【第4期国定教科書『小学国語読本 巻一』／国立教育政策研究所教育図書館】

戦前の学校制度

　義務教育の尋常小学校を卒業後、さらに勉強をするには、高等小学校(男女)、中学校(男子)、高等女学校(女子)に進学しました。
　高等小学校は、今の中学校のような学校で、中学校と高等女学校は、今の中学校と高等学校を合わせたような学校でした。ほかに、農業や工業などを学ぶ実業学校もありました。
　中学校や高等女学校に進むには、むずかしい試験に合格したうえ、授業料をはらわなければなりません。そのため、中学校や高等女学校に進学できたのは、尋常小学校の卒業生のごく一部でした。

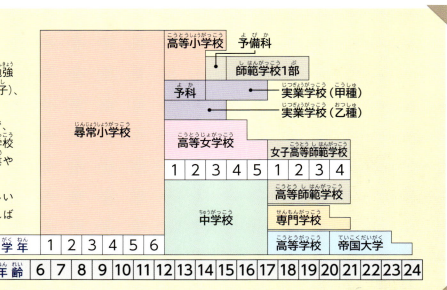

11

教育勅語

このころの小学校で特に大切にされたのが、天皇の言葉である「教育勅語」でした。

頭を上げると…

……朕惟フニ我カ皇祖

我カ臣民克ク忠ニ…

斯ノ道ハ…

御名御璽。

教育勅語とは

「勅語」とは「天皇の話した言葉」という意味です。教育勅語は、1890（明治23）年、明治天皇の名のもとに、日本の教育の基本的な考え方を示した文章です。そこには、忠君愛国（主君である天皇に忠義をつくし、国を愛すること）の大切さが書かれていました。戦争中は、どの尋常小学校でも、教育勅語の文章を暗唱するよう生徒たちに教えていました。

奉安殿とは

奉安殿とは、天皇と皇后の写真（御真影）と教育勅語の写しをおさめておく建物です。小さな神社のような建物で、ほとんどの学校にありました。奉安殿のない学校には、校舎の中に奉安室という部屋がありました。生徒たちが奉安殿の前を通るときは、最敬礼[*1]をして通りました。

教育勅語の奉読と奉答

四大節や始業式などの大切な行事がある日は、校長先生が講堂に生徒を集めて、教育勅語を読み上げました（奉読）。その間、生徒たちは頭を下げたまま、じっとして聞いていました。奉読が終わると、今度は生徒たちが「勅語奉答」の歌を歌いました。その歌詞は、天皇への感謝の言葉をつづったものでした。

※1 最敬礼…上体を45度前に傾けて、深くお辞儀すること。

「御名御璽」にほっとした…

教育勅語の奉読の間は、頭を下げたまま、じっとしています。鼻をすする音やせきの音もがまんして、緊張しながら聞いていました。校長先生があまりにもゆっくりと読み上げるので、「御名御璽」という最後の言葉を聞くと、「ああ、終わった」とほっとしました。

「御名」は「天皇の名前」、「御璽」は、「天皇の印」という意味です。教育勅語の原文の最後には、天皇の名前と天皇の印がありましたが、尋常小学校に配られた写しには、「御名御璽」と書かれていました。

3. 敗戦から復興へ

← 教育勅語（謄本）【福島県立博物館】
原文を書き写したものを謄本といいます。教育勅語は、謄本という形で全国の学校に配られました。

「教育ニ関スル勅語」

「御名 御璽」

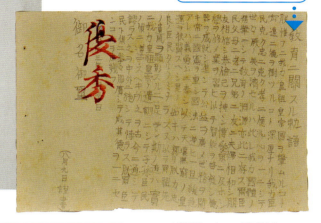

↑ 小学生が書いた教育勅語
国民学校の4年生が書いたものです。教育勅語は、正しくは「教育ニ関スル勅語」といい、その全文は、修身の教科書にのっていました。
【札幌市】

奉安殿

捧げ銃

← 奉安殿に対して「捧げ銃」をする子どもたち
国民学校の生徒が、軍事教練で捧げ銃（銃を使って行う敬礼）をしています。
【毎日新聞社】

四大節とは

四大節とは、天皇に関係する4つの祝日です。四方拝（元旦）、紀元節、天長節、明治節がありました。

四大節の祝日には、家の門柱に日の丸の旗がかかげられ、小学生はよそ行きの洋服を着て登校し、祝日を祝う儀式に参加しました。儀式では、勅語奉読や勅語奉答などが行われました。

儀式が終わると、生徒たちは担任の先生から紅白のお菓子をもらい、下校しました。

四方拝	1月1日（元旦）
	歌「♪ 年のはじめの ためしとて〜」
紀元節	2月11日 日本の初代天皇とされる神武天皇が即位した日
	歌「♪ 雲にそびゆる 高千穂の〜」
天長節	4月29日 昭和天皇の誕生日
	歌「♪ 今日のよき日は 大君（おおきみ）の〜」
明治節	11月3日 明治天皇の誕生日
	歌「♪ アジアの東 日出るところ〜」

1. 戦争の始まり　　　2. 戦争の激化

慰問袋

➡ 隣組 2巻 20ページ
➡ 戦地の兵士 3巻 14ページ

日本を離れて、さびしい思いをしている兵士のために、たくさんの慰問袋が送られました。

慰問袋を作る

今日は戦地の兵隊さんたちに手紙や絵をかいて送りましょう。

いつもお国のために戦ってくれてありがとう。

できあがったらこの慰問袋に入れましょう。

先生これも入れます。
ごめんね、サツマイモは送れないわ。

慰問袋とは

慰問袋とは、戦地にいる兵士を元気づけるために、日用品などを入れて送った袋のことです。婦人会の女性や小学校の生徒たちが作りました。

慰問袋の中味は？

慰問袋の中味は、ちり紙や石けんなどの日用品、薬、手紙や絵、たばこ、お菓子などのほか、手作りの人形を入れることもありました。

手紙に書いてあること

兵士への手紙である慰問文は、学校の先生が指導して生徒に書かせました。「わたしたちが元気にくらしていけるのは、兵隊さんのおかげです」といった、兵士への感謝の言葉が多く書かれました。

知らない子どもたちからの手紙でも、戦地にいる兵士はとても喜びました。手紙を読んで返事を書き、それをきっかけに文通を始める兵士もいました。

当時の新聞には、戦地にいる兵士が、慰問文を笑いながら読んでいたり、子どものようにお菓子やアメをほおばったりする写真がのっていました。

絵をかくのは楽しかった…

日本をなつかしんでいる兵隊さんのために、慰問袋に何を入れるか、女の子どうしで話し合うのは楽しい作業でした。会ったこともない兵隊さんに手紙を書くのは苦手でしたが、絵をかくのは楽しかったです。

終戦から30年あまりたった1975（昭和50）年ごろ、アメリカで慰問文が22通も発見されました。慰問文を受け取った兵士のなかには、戦死するまで、あるいはアメリカ軍にとらえられるまで大切に持ち続けていた人がいたのです。

3. 敗戦から復興へ

←慰問袋
差出人の住所や名前を書くところがあります。慰問袋には、手作りのものも、市販のものもありました。
【札幌市／北海道博物館所蔵】

差出人の住所と名前が入る。

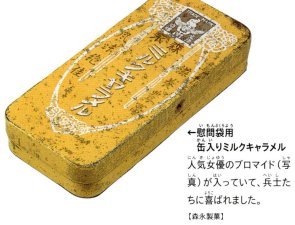

←慰問袋用 缶入りミルクキャラメル
人気女優のブロマイド（写真）が入っていて、兵士たちに喜ばれました。
【森永製菓】

→兵士からの手紙
慰問袋を受け取った兵士からのお礼の手紙です。
【札幌市】

→慰問袋を受け取り、喜ぶ兵士
【毎日新聞社】

戦地で元気づける慰問団

兵士を元気づけるために、有名な歌手や漫才師などが戦地に足を運んで、歌を歌ったり、漫才をしたりすることもありました。これを慰問団といいます。大相撲の力士たちが中国へ行って、兵士たちの前で相撲をとることもありました。

戦地では娯楽が少ないので、慰問団がくると、兵士たちはとても喜びました。

→戦地に慰問にきた日本舞踊の踊り手たち
【毎日新聞社】

15

1. 戦争の始まり

戦争かるた

→ 進駐軍と戦後の遊び　1巻 44ページ

戦争が始まると、子どもたちの遊びにも戦争の影響があらわれるようになりました。

かるた取り

戦争かるたとは

戦争が始まる前から、いろはがるたや百人一首が人気でした。子どもたちは、かるた取りをしながら、ことわざや百人一首の和歌をおぼえました。そこに登場したのが、戦争を題材とした戦争かるたです。愛国心（国を第一に思う心）を高める言葉や軍人としての心構えなどが読み札の文になっているため、子どもたちの戦争への心の準備ができていきました。

さまざまな戦争おもちゃが登場

戦争かるたのほかにも、戦争めんこ、戦争双六、軍人将棋など、戦争を題材にしたおもちゃがありました。軍人将棋は、軍人の階級や兵器が書かれたコマで戦う将棋で、遊びながら軍隊の知識を得ることができました。また、子どもたちが食べるお菓子のパッケージやふろくにも戦争に関連したものが増えていきました。

戦争ごっこ

それまで男の子の遊びといえば、鬼ごっこやチャンバラでしたが、戦争が始まると、戦争ごっこがはやりました。下校後や休日に空き地に集まって、敵と味方に分かれて、棒の鉄砲でうちあいました。戦争ごっこは幼稚園でも取り入れられ、遊びを通して軍隊の規律を学びました。女の子は、ゴムとびやお手玉、ままごとなどでよく遊びましたが、ままごと遊びにも、包帯を巻いたり、薬を飲ませたりする従軍看護婦（戦地で看護を行う）が登場するようになりました。

>>

遊びでもついつい真剣に…

戦争かるたや戦争双六などは、だれもが持っていたわけではありません。おもちゃを持っている友だちの家に集まって遊びました。みんな真剣になって勝とうとしますが、最後はおもちゃを持っている人が勝つまでつきあわされました。

 男の子の遊びに「海戦ごっこ」もありました。2チームに分かれて、戦艦、水雷艇、駆逐艦、艦長などの役割を帽子のつばの向きで決めます。「海戦ドン！」の合図とともに鬼ごっこをします。それぞれの役割ごとに強弱が決まっていて、自分より弱い相手にタッチすることで「沈没」させる遊びです。

3. 敗戦から復興へ

←→戦陣訓かるた
軍人としての心構えや行動のしかたを示す「戦陣訓」を読んで、絵札を取るかるたです。左が読み札で、下が絵札です。
【奈良県立図書情報館】

「追撃するときは最後の一兵までたおせ」という意味。

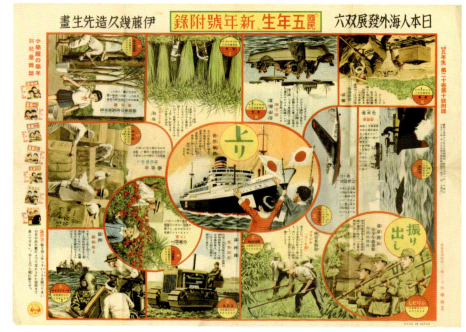

↑双六 「満蒙（中国東北部と内モンゴル）開拓」をふりだしに、世界に進出する日本人の姿をえがいています。【奈良県立図書情報館】

←戦争ごっこをする子どもたち
【昭和館】

→千代紙（折り紙）
防空ずきんをかぶった女の子・軍服を着た男の子・防毒マスクをかぶった男の子のがらです。女の子の遊び道具にも、戦争をあつかったものがありました。
【みたかデジタル平和資料館】

子ども向け雑誌も戦争一色に

戦争が始まると、国は本や雑誌の内容について指導したり、出版を統制したりしました。また、戦争に協力する姿勢を打ち出す出版社もありました。そのため、子ども向け雑誌は、戦闘機や飛行隊員などの絵が表紙にえがかれたり、戦争のようすを伝えたりする記事が多くなりました。

→『週刊少国民』【滋賀県平和祈念館】
表紙には、工場で働く子どもや戦闘機の絵がえがかれています。

17

戦争のお話　"尋常小学校で軍国教育を受けた少女の体験"

戦争中の世の中で感じたこと

松本洋子さん
（当時8歳〜11歳）

1933（昭和8）年生まれ。6人兄弟の長女。父親が外国航路の航海士をしていたため、横浜港に近い横浜市尋常西前小学校に通い、6年生のときに一家で富山県に縁故疎開する。

少女の小学校生活

　日本中が戦勝にわいている1938（昭和13）年、わたしは横浜市尋常西前小学校に入学しました。クラスは男一組、男二組、女一組、女二組の4組で、わたしは女二組でした。近所の好美ちゃんが同じクラスだったので、毎日いっしょに登校しました。担任の武笠先生は、ピアノの上手な20代の先生で、きれいな声でよく歌ってくださったので、音楽の時間が大好きでした。

　学校では毎朝、朝礼があります。校長先生は、「この国の非常時に新しい物を使用するのは国賊（国に反対する悪者）であり、古い物を活用する者こそお国のためにつくす立派な者だ」と言われました。友だちはみんなお古を着ていたのに、長女だったわたしはいつも新しい服や新品の物を使っていたので、「わたしは悪いことをしている人間だ」と、いつも後ろめたい気持ちでいました。

　祝祭日は、いちばん上等な服を着て登校しなければなりません。紅白のおまんじゅうや校章の型の干菓子がもらえるのですが、校長先生が読み上げる教育勅語の長い話を、じっとがまんして静かに聞いていなければなりませんでした。

家に警察官がやってきた

　わたしの父は外国航路の船乗りでした。まだ旅客機のなかった時代、世界の都市を行き来する一等航海士は男の子たちのあこがれの職業でした。制服姿の父はとてもかっこよくて、わたしの自まんの父でした。いったん航海に出ると何か月も帰って来ない父でしたが、その分、家にいるときはわたしたち兄弟をとってもかわいがってくれました。長女のわたしは、東京の銀座にもよく手をつないで連れていってもらいました。

　3年生の冬、太平洋戦争が始まりました。その日、ラジオで真珠湾攻撃のニュースを聞いた父は、深刻な顔をして、「この戦争は、してはいけない戦争だ。日本は負けるぞ」とつぶやきました。サンフランシスコやロンドンを何度も訪れていた父は、日本の敵であるアメリカやイギリスの国力の大きさをよく知っていたので、そう言ったのでしょう。学校では「神国日本が戦争に負けることなど絶対にない」と教えられていたので、父の言葉が頭からはなれませんでした。

次の日の朝、わたしは好美ちゃんに「今度の戦争は日本が負けるんだって」と言いました。すると突然、サーベル（剣）を持った警察官が現れて、「おじょうちゃん、そんなことを言ってはいけないよ」と言って去っていきました。わたしは胸がドキンと鳴って、手がブルブルふるえました。

その夜、あたりが暗くなったころ、わたしの家に警察官が訪ねてきました。玄関の電灯の下で父と警察官が話をしているのを、わたしは壁のかげからこっそり聞いていました。「おたくでは子どもに、日本が戦争に負けると教えておられるのか？」ときびしい口調で警察官が問いただします。（わたしのせいで、お父ちゃんが警察に連れて行かれる…。）わたしは胸が苦しくて、涙が出そうになりました。父が何と答えたのかはわかりませんでしたが、警察官は"厳重注意"をして帰っていったようです。わたしはほっと胸をなでおろしました。

報道されなかった爆発事件

ラジオから流れる大本営発表では、日本が勝っているとしか放送しないので、わたしたち小学生は、横浜に戦争がやってくるなんて思ってもいませんでした。

4年生の秋のことです。裁縫の時間に突然、ドーン！という大きな爆発音が響きわたりました。副級長だったわたしは、先生と級長と3人で屋上に上がりました。見ると、横浜港がある東の空に真っ黒い煙がもくもくと広がっています。さらにドカン、ドカンと爆発は続き、校舎がぐらぐらとゆれます。そこで生徒は全員帰されることになりました。わたしたちは、昼間なのにうす暗くなった空を見ながら不安な気持ちで家に帰りました。

人づての情報によると、横浜港に停泊していたドイツの軍艦7隻がいっせいに爆発して、死者も大勢出たとのことでした。この爆発事件は、横浜の人たちがみんな知っている大事件でしたが、新聞でもラジオでもいっさい報道されませんでした。

その翌年、横浜の小学生に疎開命令が出ました。父は、母とわたしたち兄弟を富山県の親せきの家に縁故疎開させることに決めました。戦争で外国航路の仕事がなくなってしまった父は、すでに別の仕事をしていました。船に乗っていたときはいつもキリッとしてかっこよかった父でしたが、そのころは元気がないように見えました。わたしは父のことを思いながら横浜を後にしたのでした。

自由に発言できること

戦争中は、自分の考えを自由に発言することが制限されていました。戦争に反対する意見を言うと、逮捕されることもありました。また、ラジオや新聞などの報道が規制されていたので、人々は敗戦などのニュースを知ることができませんでした。

今の時代の"言論の自由"について考えてみましょう。

1. 戦争の始まり　　　2. 戦争の激化

太平洋戦争のころの
働く少国民

戦争がはげしくなると、多くの男性が軍隊に召集され、労働力が不足しました。そこで、少国民とよばれた小学生が毎日働くようになりました。

校庭の畑づくり

↑食料不足が深刻になったので、国民学校の生徒たちは校庭を耕して、カボチャやサツマイモなどを育てました。

イナゴとり

↑学校から近所の田んぼに全員で出かけて、稲の害虫のイナゴをとりました。とったイナゴは、焼くなどして食べました。

ウサギの世話

↑多くの家でウサギを飼っていました。ウサギの毛皮は寒い戦地にいる兵士の上着にし、肉は食用にしました。

木の実ひろい

↑ナラ、クヌギ、カシなどの木の実をひろい集めました。皮をむいて中味を干して粉にし、だんごにして食べました。

3. 敗戦から復興へ

まさる
（国民学校6年）

止まっているイナゴに近づいて、片手でつかまえました。けっこう大変な仕事でした。

ウサギの世話をしましたが、いなくなりました。でも、ウサギがどこに行ったかは知りません。

ふみ子
（国民学校6年）

農作業の手伝い

↑農家がいそがしい時期には、何人かずつに分かれて、近所の農家の手伝いに行きました。代かき、田植え、草取り、稲刈りなどを手伝いました。

桑の木の皮むき

↑農家では、桑の木の枝の皮をむいて細いせんいにする作業を手伝いました。このせんいから紙や糸が作られました。

土木作業

↑国民学校高等科や中学校の男子生徒は、学徒勤労動員令にしたがって、砂利や木材を運ぶ土木作業を手伝いました。

軍需工場での作業

↑兵器を生産するため、国民学校高等科や中学校、高等女学校の生徒が軍需工場で働きました。

1. 戦争の始まり　　2. 戦争の激化

国民学校

→ 尋常小学校 1巻 10ページ
→ 軍事教練 1巻 26ページ

太平洋戦争が始まる8か月前、尋常小学校は国民学校になりました。

将来の夢

国民学校とは

国民学校とは、1941（昭和16）年4月、それまでの尋常小学校にかわってつくられた学校です。皇国民（国のため、天皇のために戦う子どもたち）を育てるために、学校の制度を新しくしました。

どこが変わったの？

1年から6年までの初等科の上に、2年間の高等科がおかれ、義務教育が6年から8年に延長されることが決められました（戦争中で延期されたまま終戦）。初等科では、国民科・理数科・体錬科・芸能科と教科が4つにまとめられ、高等科では農業・工業なども教えました。教科書も新しくなり、尋常小学校のころよりも軍国主義[1]の考え方が強い内容になりました。儀式や団体行動が重視されるようになり、歩き方や姿勢なども細かく指導され、軍事教練（→26ページ）を行うことも多くなりました。

子どもたちは「少国民」に

尋常小学校が国民学校に改められたころ、国民学校の子どもたちは「少国民」とよばれるようになりました。少国民は、「年少の国民」という意味です。「大人の世話になっている子どもではない、国民の1人なんだぞ、がんばれ」という意味合いがこめられています。少国民は、3年生になると少年団に入団し、出征兵士の見送りや慰問袋作りに参加しました。

※1 軍国主義…軍事力を中心に国をさかんにしようとする考え。

兵士になるのはあこがれ…

男の子にとって、将来兵士になるのがあこがれでした。兵士になったお兄さんがいる子は、兄から得た情報を自まん気に話していました。視力のいい子は航空隊に入るとか、背が低い子は戦車兵になるとか、そんな話をしていました。

尋常小学校から国民学校に変わり、音楽の時間に歌う歌の題材も変わりました。尋常小学校のころに歌われていた日本の四季や自然などをテーマにした唱歌にかわって、「農業と勤労の大切さ」「楠木正成（後醍醐天皇のために命をかけた武将）をたたえる歌」「軍人への感謝」などをテーマにした歌が歌われるようになったのです。

3. 敗戦から復興へ

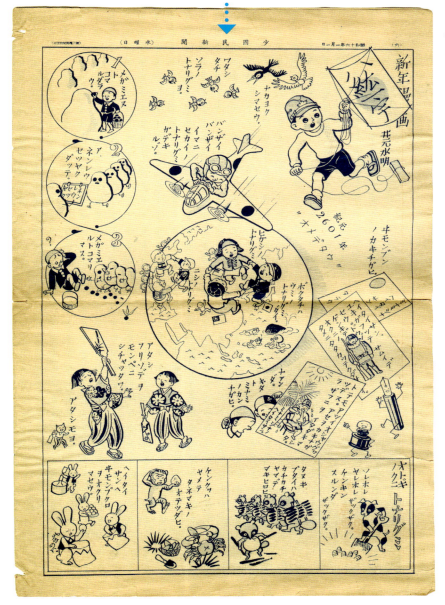

←少国民新聞
【奈良県立図書情報館】

少国民新聞

国民科

↑5年生の通知票（成績表）
国民学校では、成績の評価の方法が「優・良・可」の3段階に改められ、「優」の中でも特に秀でた「秀」などもありました。【札幌市】

皇民化教育

日中戦争が長引くと、日本は朝鮮や台湾などの植民地の人びとに天皇の臣民として意識を持たせるための教育を行いました。これを皇民化教育といいます。
朝鮮や台湾では、人びとは神社に参拝させられたり、名前を日本式に変えさせられたりしました。また、労働力としてや兵士として動員しました。

→日本語教育を受けさせられる朝鮮の子どもたち
【毎日新聞社／アフロ】

23

1. 戦争の始まり　　2. 戦争の激化

手旗信号・モールス符号

→ 軍事教練 1巻 26ページ

国民学校では、軍隊で使われる手旗信号やモールス符号を習いました。

手旗信号

校庭で練習した手旗信号

手旗信号とは、赤と白の旗を1本ずつ両手に持ち、旗の上げ下げの動作で文字を遠くにいる相手に伝える通信方法です。望遠鏡や双眼鏡で見られることから、海軍の船の上で使われていました。

国民学校（22ページ）では、生徒たちが校庭にならんで手旗信号の練習をしました。

	1	2	3
ア			
イ			
ウ			
エ			① ー
オ			

語呂合わせでおぼえたモールス符号

電信の長さを変えて、文字を符号化したものを「モールス符号」といい、モールス符号を使って送る信号を「モールス信号」といいます。

国民学校では、モールス符号もおぼえました。例えば、「イ」は、「ト・ツー」という信号ですが、これを「伊藤（い・とー）のイ」というように、すべての文字を語呂合わせでおぼえました。

	符号	覚え方
イ	・ー	伊藤
ロ	・ー・ー	路上歩行
ハ	ー・・・	ハーモニカ
ニ	ー・ー・	入費増加
ホ	ー・・	報告
ヘ	・	屁

>> **みんな真剣に練習した…**

ぼくは海軍に入りたかったので、先生におこられるからではなく、手旗信号が将来必ず役に立つと信じて練習していました。まちがえずにできるようになると、今すぐに軍隊に入っても自分が役に立てるような気持ちになりました。

 モールス符号は、1837年にアメリカの発明家モールスによって発明されました。1941（昭和16）年、日本軍がハワイの真珠湾を攻撃したときは、「ニイタカヤマノボレ一二〇八」（新高山は台湾のもっとも高い山）という暗号が電信で送られました。これは「12月8日に戦闘行動を開始せよ」という意味です。

3. 敗戦から復興へ

←校庭で手旗信号の訓練を
受ける国民学校の生徒
【毎日新聞社】

↓モールス信号を打つ練習を行う
国民学校の生徒 【毎日新聞社】

↓モールス信号を打つ機械
【平和祈念展示資料館】

ここをたたいて
信号を打つ。

15歳で通信兵になった少年たち

若い通信兵（通信担当の兵士）を養成する機関として、陸軍と海軍それぞれに学校がありました。全国から集まった15歳〜16歳の少年たちが、モールス信号の送受信や通信機の取りあつかいなどのきびしい訓練を受けました。
　もともとは2年間で卒業するきまりでしたが、通信兵の数が不足した戦争の終わりごろになると、わずか半年ほどでくり上げ卒業となり、少年たちはフィリピンなどの激戦地に配属され、軍隊の作戦命令などの通信の仕事をしました。

→海軍通信学校の少年通信兵【毎日新聞社】

25

1. 戦争の始まり　　　2. 戦争の激化

軍事教練

体育の時間は、まるで軍隊の訓練のようでした。

→ 国民学校　1巻 22ページ
→ 手旗信号・モールス符号　1巻 24ページ

おそろしい教官

軍事教練とは

学校で行った軍事訓練を軍事教練といいます。はじめは中学校以上の学校で行っていましたが、国民学校でも行われるようになりました。

どんな訓練をしたの？

国民学校では、体錬科*1 の時間に軍事教練を行いました。軍人が直接学校にきて、訓練を指導しました。木銃をかついで軍隊式の行進をしたり、手旗信号をおぼえたり、剣道や柔道などの武道を学んだりするなど、教練の内容はさまざまでした。ときには校外に出かけて、城の石垣を登ることもありました。また、実際に軍隊に入って、1日だけ軍隊の体験をすることもありました。

体をきたえるため、体操もさかんに行いました。冬でも、上半身はだかになって乾布摩擦（乾いた布などで体をこすること）をしたあと、両手を天につきあげる「天突き体操」をやることもありました。

だれが、どんなふうに教えていたの？

中学校の軍事教練には現役の将校*2 が教官としてやってきましたが、国民学校の軍事教練には、現役を退いた軍人などがやってきました。国民学校の教官は、たとえ相手が子どもでも、軍隊の初年兵*3 訓練のようにきびしく、大きな声で号令をかけました。

※1 体錬科…体操と武道をあわせた教科。
※2 将校…部隊をひきいるリーダー兵士。
※3 初年兵…入隊して1年未満の兵士。

おそろしかった教官…

「お前たちは、たるんどる！」が教官の口ぐせでした。教官はもともと軍隊にいた人で、女の子に対しても容しゃはありません。わたしは運動が苦手だったので、大きな声でおこられるのが本当におそろしかったです。

本土空襲が本格的に行われるようになると、婦人会のお母さんたちも軍事教練を受けました。アメリカ軍の兵士に見立てた「わら人形」に向かって、竹やりを持ったお母さんが大声を上げながら突進し、体当たりして突きさす、といった訓練でした。

3. 敗戦から復興へ

←行進する男子生徒
体操で使う棒を銃に見立てて行進しています。【毎日新聞社】

↑木銃
中学校の軍事教練で使われた木製の銃です。先にゴム製のカバーをつけ、防具をつけた相手の胸をつきあいました。
【札幌市／つきさっぷ郷土資料館所蔵】

←なぎなたの練習をする女子生徒
5年生からは、体錬科の授業で、男子は柔道や剣道、女子はなぎなたを習いました。
【毎日新聞社】

「鬼畜米英」「一億玉砕」が合い言葉

軍事教練を行うときには、「鬼畜米英」「一億玉砕」が合い言葉のように何度も使われました。

鬼畜米英とは、「日本の敵国であるアメリカ（米）やイギリス（英）は、鬼・畜生（非道で悪いやつ）である」という意味です。

また、一億玉砕とは、「敵が日本の本土に攻めてきたとき、国民最後の1人が死ぬまで全員で戦いぬくぞ」という意味です。戦っていさぎよく死ぬことが、玉のように美しく砕け散ることに例えられました。

→「今ぞ一億 敵は米英だ！」の標語を見る人びと
【毎日新聞社】

1. 戦争の始まり　　　　2. 戦争の激化

勤労動員

→ 松根油 **2巻** 25ページ

戦争が長引き、国内の働き手が足りなくなると、学生も兵器や食料をつくるために働きました。

農家は最高
戦争中は授業の一環で勤労奉仕が行われた。
中学生は力仕事…

女学生は工場で働いた。

国民学校の生徒は農作業の手伝いをしていたが…

ご苦労さま。
うわー、うまそう。

勤労動員とは

　国の政策で、学生を兵器をつくる軍需工場や農家などで働かせることを勤労動員（学徒勤労動員）といいます。すでに1938（昭和13）年から、12歳以上の中学生や女学生が夏休みなどの長期休暇中に年に3〜5日間、勤労奉仕することが義務づけられていましたが、労働力不足が深刻になったことを背景に、1944（昭和19）年3月からは1年を通して働くことが義務づけられました。

どんな仕事をしていたの？

　中学校や高等女学校の生徒たちは、兵器などをつくる工場に出かけたり、学校そのものが兵器の部品をつくる場所として「学校工場」となることもあり、そこで働きました。男子学生は、空襲のときに延焼を防ぐ防火地帯をつくったり、こわれた線路や橋を復旧するための土木作業などを行いました。一方、女子学生は「女子挺身隊」の一員として、衣類のミシンかけや金属加工などの仕事をしました。
　広島や長崎に原子爆弾が落とされたとき、勤労動員中の中学校や高等女学校の学生のほとんどが犠牲になりました。

国民学校の子どもたちは勤労奉仕

　国民学校の4年生以上の子どもたちは、強制的に働かされる勤労動員とは区別して、「勤労奉仕隊」として働きました。
　食料を増産する仕事が中心で、校庭をたがやして畑をつくったり、農家の農作業を手伝ったりしました。また、松根油、どんぐりなどの採集に出かけて、授業はほとんどなくなりました。

農家の手伝いが楽しみ…
　勤労奉仕のなかでいちばん楽しかったのは、農家の手伝いです。農作業を終えると、おやつや野菜をくれたからです。ぼくたちはふだん食べる物が少なくて、いつもおなかをすかせていたので、食べ物なら何をもらってもうれしかったのです。

広島では、勤労動員中の学生約8400人のうち、約6300人が原爆の犠牲になりました。また、市内のさまざまな事務所に働きに出ていた多くの学生も犠牲になりました。
現在、広島市の平和記念公園内には、亡くなった学生の遺族らの寄付によって、「動員学徒慰霊塔」が建てられています。

3. 敗戦から復興へ

←軍需工場で働く男子生徒【毎日新聞社】

↓田植えを手伝う国民学校の生徒【毎日新聞社】
男子と女子がいっしょに田植えをしています。

神風

↑はちまき【広島平和記念資料館／福田 保二寄贈】
飛行機工場に動員された男子中学生が、作業中にしめたはちまきです。
日の丸をはさんで「神風」の文字が書かれています。

風船爆弾も作った

女学生の勤労動員には、和紙とこんにゃくのりを使って風船爆弾を作る仕事もあり、たくさんの女学生が動員されました。風船爆弾とは、気球に爆弾をくくりつけて飛ばし、西から東にふく偏西風を利用してアメリカ本土を攻撃する兵器です。約9300個飛ばして約1000個がアメリカに到達し、6人のアメリカ人が犠牲となりました。

→風船爆弾の模型【埼玉県平和記念資料館】

勤労奉仕をした人の話
宮城県　大沼貞代さん

国民学校の6年生のときに、毎日炭運びをしました。夫や息子を兵隊にとられた農家のお手伝いです。4貫俵（約15キロ入り）の炭俵を背負って、炭焼き窯のある山から農家の家まで運びました。重くて、すぐにくたくたになりました。夏には、田んぼでヒエ取りもしました。稲がよく育つように、ヒエを手でぬきました。朝から夕方まで農家のお手伝いで、授業はなくなりました。でも、本当は勉強をしたかったです。

1. 戦争の始まり　　　　　　　　　　　　　　　　　2. 戦争の激化

学童疎開

→ 空襲 2巻 28ページ

戦争がはげしくなると、都会の子どもたちは空襲（空からの攻撃）をさけるために地方に避難しました。

疎開生活

空襲のおそれが出ると都会の子どもたちは安全な田舎へ避難した。

楽しみだね。
どんなところだろう…。

疎開先ではしばらく元気にさわいでいたけれど…

家族とはなれるのはやっぱりさみしい…。
母ちゃん…。

学童疎開とは

　都会の子どもたちが、空襲をさけるために地方の農村などに避難することを、学童疎開といいます。空襲が少ないときは、家庭ごとに地方の親せきや知り合いをたよって避難する縁故疎開がほとんどでした。空襲がはげしくなると、学校ごとに集団で避難する集団疎開が行われるようになりました。集団疎開をすると、子どもたちは親とはなれてくらさなければなりませんでした。

疎開先での生活は？

　集団疎開の子どもたちは、村のお寺や旅館、公民館などでみんなで寝とまりしました。そこを生活の場として、毎日同じ時間に起き、同じ時間に寝る規則正しい生活を送りました。そのため疎開先では、規律を守ることがもとめられました。疎開が長くなって、「家に帰りたい」と泣き出す子もいました。

いつもおなかをすかせていた

　食べ物が足りないのは、都会も地方も同じでした。疎開先では、お米の粒がほんの少しの、おかゆのような食事が続き、子どもたちはいつもおなかをすかせていました。畑をたがやして野菜を作ったり、川で魚をとったりしてもいつもひもじく、バッタやカエルなども食べられていました。

>>

お母さんに会いたかった…

　疎開児童の母親を代表して、お母さんたちが数人でようすを見にくることがありました。そのとき、ぼくのお母さんからあずかった手紙をとどけてくれました。お母さんに会えた友だちを見ていると、ぼくもお母さんに会いたくてたまらなくなりました。

集団疎開では、学校の子どもたちすべてが疎開したわけではありません。お金がなくて親が申しこまなかった、病気だった、などの理由で、都会で生活を続ける子どももいました。

3. 敗戦から復興へ

←宿舎となった旅館
布団や洗たくものがほされています。【昭和館】

• 1日のスケジュール
• 絵日記

←疎開先で書いた日記
9月24日（右ページ）のスケジュールには、「登校出発」「学校」「座学」「清掃作業」「入浴」「食事」「黙学」「巡検消灯」と書かれています。

↑疎開先から家族へ送った葉書【昭和館】

軍需工場も疎開した

アメリカ軍の本土空襲が本格化した1944（昭和19）年、都市部にあった軍需工場は、空襲をさけるために地方の山中に疎開したり、地下にかくされたりしました。
　戦争の終わりごろには、勤労動員された学生たちは、そうした穴のなかの工場で兵器の部品を生産するために働きました。

↑地下工場の入り口【毎日新聞社】

疎開中に孤児になった人の話
東京都　星野光世さん

　1945年3月10日、東京大空襲があった日、5年生だったわたしは集団疎開で千葉県のお寺にいました。空襲によりわたしたちが心から帰りたいと願っていたわが家がなくなってしまったのです。
　しばらくたって、わたしをむかえにきたおじが「お父ちゃんもお母ちゃんも死んじゃったよ」と言いました。お寺を後にするとき、先生がわたしの背中を何度もたたいて「強く生きるんだよ」とはげましてくれたことを今でも忘れません。

戦争のお話

"東京から長野県に集団疎開した少年の体験"

つらい疎開生活と人のやさしさ

長谷川直樹さん
（当時10歳）

1934(昭和9)年、東京の世田谷生まれ。1944年8月、山崎国民学校4年生のとき、長野県の浅間温泉に集団疎開。終戦から3か月後の1945年11月、疎開生活を終えて東京の家にもどる。

がまんがまんの疎開生活

午前6時55分、「ピィピィー！ 総員起こし5分前！」当番班長の吹く笛の音で、疎開学童の一日が始まります。

1944(昭和19)年8月、ぼくたち山崎国民学校の3～6年生189名は、長野県の浅間温泉にある2つの旅館に分かれて疎開していました。浅間温泉は、東に南アルプス、西に中央アルプスの山々を望む緑豊かなところでした。

朝7時、旅館の庭で宮城遥拝（皇居のある方角に向かって頭を下げる）をし、声をそろえて「お父さんお母さん、おはようございます」と言います。それから夜9時消灯まで、まるで軍隊のようにきびしく管理された生活でした。どこの疎開児童も同じ経験をしていると聞きますが、空腹とシラミに悩まされる毎日でした。そんな生活の中で、東京の家族がこいしくなって泣く子もいましたが、ぼくは「欲しがりません勝つまでは」と自分に言い聞かせてがんばっていました。

若い航空隊員との文通

昭和20年になると警戒警報の発令が多くなり、登校はたびたび中止されました。4月になると陸軍の航空隊員が何人も浅間温泉にやってきました。ある夜、旅館の別館で、近くにある神林飛行場の若い航空隊員の壮行会が開かれていました。ぼくたちはその席に呼ばれ、いっしょになって『荒鷲の歌』や『加藤隼戦闘隊』を歌いました。すると隊員たちは「出発の日、旅館の上を飛んであげるよ」と言って帰っていきました。

それから数日後、日の丸をつけた戦闘機が浅間温泉の上空に低空で飛んで来て、翼をゆらしながら1回、2回とせん回して西の空へと消えていきました。かっこいい航空隊員にあこがれていたぼくたちは、空を見上げて「バンザイ、バンザイ！」と何回も手を振って見送りました。

戦後60年たってからわかったのですが、あの若い航空隊員たちは、その後、特攻隊員として鹿児島県の知覧基地から沖縄に向けて特攻出撃していったのだそうです。

ぼくたちが仲良くなった航空隊員の1人に小林三次郎さんという人がいました。小林さんが長野から満州に行ったと聞き、ぼくは寮母さんから小林さんの住所を聞いて、慰問の手紙を書きました。すると満州の小林さんから返事が来ました。その葉書には、「体をきたえてしっかり勉強するように」ということが書かれていました。

その後、小林さんとは何度か文通をしました。そして、小林さんから届いた昭和20年4月3日の最後の葉書には、こう書かれていました。

いよいよ全機出発の準備ができました。
あとは出撃命令を待つばかりです。
戦果は後で知ることでしょう。
手紙のやりとりはこれで最後になります。

小林さんがその後どうなったのかは、今でもわかりません。

草深君がくれたおにぎり

4月、ぼくたちは、浅間温泉から少し離れた上川手村の吹上の湯に再疎開することになりました。転校先の国民学校では、田舎の子どもたちが、毎朝ぼくたちを待ち構えていて「疎開っ子、疎開っ子」と言ってはやし立てました。ぼくは、「田舎の子はどうしてこんなことをするんだろう？」と思っていました。

戦後になってわかったのですが、ぼくたち疎開児童は洗いざらしの服を着てズックをはいていましたが、田舎の子どもたちの多くは着るものもそまつで、ぞうりやはだしだったのです。つまり、ぼくたちに対するねたみの気持ちだったのです。

学校では、疎開の子と田舎の子がとなり同士に座らされました。困ったのは弁当の時間です。食料不足のためにぼくたち疎開児童の弁当は、ほんのわずかの混ざり飯だけでした。一方、田舎の子は、まだまともなお弁当を持って来ていました。

ある日、おなかが減ったぼくは、弁当を先に食べてしまい、昼食の時間に食べる物がなくてただじっとしていました。すると、となりの席に座っていた草深君が、真っ白なおにぎりをそっとぼくにくれたんです。草深君のやさしさに涙が出そうになりました。白いご飯は疎開で長野に来た最初の日から一度も食べていなかったのです。

草深君がくれたおにぎりは、これまで食べた中でいちばんおいしかった食べ物です。

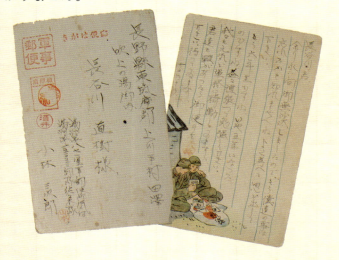

人にやさしくすること

つなぐ

小学生の子どもたちが家族と離ればなれになった学童疎開は、戦争の空襲から逃れるために行われました。小学4年生だった長谷川さんは、さびしくつらい疎開生活の中でも力強く生き、人のやさしさを実感したそうです。

当時、自分のおにぎりを分けてくれた草深さんとは、東京に帰ってからもずっと親交が続いているそうです。

戦争のお話　"疎開船対馬丸で沈没にあった体験"

海に沈んだ おそろいのズック

上原　清さん
（当時10歳）

1934（昭和9）年、那覇市生まれ。1944年8月、垣花国民学校4年生のとき、鹿児島県への疎開船対馬丸に乗るが、アメリカ軍潜水艦の魚雷攻撃で沈没。いかだで6日間漂流し奄美大島に漂着。9月、沖縄に帰り沖縄戦を体験。

おそろいの白いズック

　わたしが生まれ育った垣花町は、那覇港の南にあって、水平線上に浮かぶ慶良間列島が一望に見渡せる静かな町でした。
　アメリカ軍が沖縄へとせまった昭和19年の夏、わたしが通っていた垣花国民学校では、3年～6年の子どもたちを九州へ集団疎開させる計画を進めました。「九州に行ったら雪が見られる」という話を聞いたわたしは、沖縄を出てみたいという冒険心もあって、疎開したい気持ちがふくらんでいました。
　「清は九州に疎開しなさい」と兄に言われると、わたしはうれしくて急いで幼なじみのシーちゃんに報告に行きました。シーちゃんの本名は石倉静枝。いちばん仲のよかった女の子です。
　「シーちゃん、疎開することに決まったよ」と言うと、「よかったね。清といっしょに行けてうれしい」と喜んでくれました。そして、シーちゃんとわたしは、疎開先ではくおそろいの白いズックを買いました。
　出発の日、リュックを背負い、白いズックをはいたわたしは、沖に停泊する3隻の大きな輸送船を見て胸が高鳴りました。垣花国民学校の生徒が乗る船は対馬丸です。小型の輸送船で近づくと、「わーっ、大きな船だ！」と歓声があがりました。長いはしご段を上って乗船した子どもたちは、船の

上に並んで港にいる家族に手をふっていましたが、遠すぎて顔はよく見えませんでした。

船が沈む！

　対馬丸は貨物船で、人を乗せるための船ではありません。わたしたち疎開学童は鉄の階段を下りて荷物を積む船倉に入りました。そして、壁ぎわの大きな木製のたなに、学校ごとにかたまって座りました。そこで、母親が作ってくれたお弁当をみんなで食べました。
　昼食後、今度は「救命胴衣の準備が必要だから、前方の倉庫に取りに行くように」という指示がありました。わたしは、走って行って新しく上等な救命胴衣を手に入れ、その1つをシーちゃんにわたしました。シーちゃんは「ありがとう清、よかったあ」と喜んでくれました。

次の日、わたしはシーちゃんをさそって甲板に出ました。船上から見えるのは青い海と空だけです。ふと見ると、トビウオが対馬丸を追いかけるように飛び跳ねています。
「シーちゃん、トビウオが飛んでいるよ！」
「わー、かわいい！」
これがシーちゃんとわたしの最後の思い出になりました。

季節は真夏。夜の船倉内の暑さは限界を越えていました。わたしは近くの男の子2人をさそって甲板に出ました。冷たい夜風に吹かれて元気を取り戻したわたしたちは、星を見ていました。そしていつしか3人ともねむってしまいました。
「ドーン！」という大きな音がして、わたしは目を覚ましました。「船がやられたぞー！」という大きな声が聞こえます。「船が沈むぞー！ こっちだ、こっちだ！」と言う先生の声に導かれて、船倉の中から子どもが1人また1人と甲板に出てきました。船倉の中には5、6百人の子どもがいたでしょうか。わたしはシーちゃんが出てこないかとハラハラして見ていましたが、シーちゃんは出てきませんでした。

わずか数分の間に船はどんどんかたむいていきました。「先生、助けてー！」「お母さーん！」悲鳴があちこちから聞こえてきます。

甲板にいたわたしたちは、手すりに一列にならび、リーダーの「飛び込め！」という合図と同時にいっせいに海へ飛び込みました。

帰って来なかったシーちゃん

暗い海の上に、イカダや材木につかまっている人や、おぼれて死んでしまった人たちがたくさん浮かんでいました。

わたしは大砲の台座の箱船に20人ほどの人たちと乗っていました。白いズックは泳いでいる間にぬげてなくなっていました。救助に来る船もないまま長い夜が明けました。その間に力つきてしまった人が次々と海の中に姿を消していきました。

その後、4人乗りの小さなイカダに乗り移ったわたしは、6日間飲まず食わずで漂流したのちに奄美大島に漂着して奇跡的に助かりました。

対馬丸に乗っていた疎開学童は約834人。そのうち784人が犠牲になりました。シーちゃんは白いズックとともに海に沈んで、帰っては来ませんでした。

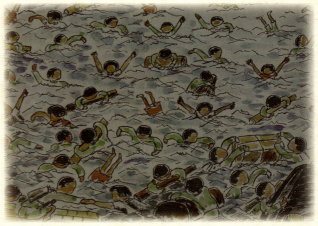

※ 左ページの船の絵と上の絵は、上原さんご自身が描いたものです。

つなぐ

周囲の人たちが責任を感じた

対馬丸の船長は、船の責任者として船とともに沈んだそうです。対馬丸の沈没は、戦争が終わるまで秘密にされていました。疎開児童の親たちは、戦後になってから自分の子どもが帰ってこないことを知りました。親たちの中には、疎開をさせた自分のせいで子どもが死んでしまったのだと、自分自身を責めた人も多くいたそうです。

1. 戦争の始まり　　　　　　　　　　　　　　　　　2. 戦争の激化

戦後の子どもたちのくらし

戦争が終わって、子どもたちのくらしは大きく変わりました。
物のない時代をたくましく生きぬいた姿を、今とくらべてみましょう。

青空教室

↑空襲で校舎が焼けてしまった学校では、子どもたちが校庭で授業を受けました。

戦災孤児

↑空襲で家族が死んでしまった子どもたちは戦災孤児となりました。施設に入れなかった孤児たちは、生きるためにくつみがきや鉄くず拾いなどをしました。

買い出しの手伝い

↑配給の食料だけでは足りないので、農家に買い出しに行きました。子どもたちは荷物運びの手伝いをしました。

進駐軍のお菓子

↑進駐軍の兵士は子どもたちにチョコレートやガムを配りました。空腹の子どもたちはジープを追い、「ギブ・ミー・チョコレート」と言ってもらいました。

3. 敗戦から復興へ

しんじ
（小学校6年）

毎日、空き地で野球をしました。みんなの夢はプロ野球選手になることでした。

あつし
（小学校6年）

新しい紙めんこや紙芝居が出るとわくわくしました。

草野球

↑終戦から約半年後、プロ野球のペナントレースが再開しました。男の子たちはプロ野球選手にあこがれ、手作りのグローブなどを使って草野球をしました。

縄とび・ケンケンパ

↑女の子たちは、外では縄とびやケンケンパなどをして遊びました。家の中では、お手玉やおはじきをしました。

紙めんこ

↑紙めんこは戦前からありましたが、戦後になって再び売られるようになりました。進駐軍の影響でアメリカの人気キャラクターのものなども登場しました。

紙芝居

↑公園では、紙芝居屋が子どもたちの人気を集めました。戦争中の軍国主義（→46ページ）的なお話に代わって、冒険物やマンガなどが登場しました。

青空教室

戦争が終わると、空襲で校舎が焼けてしまった学校は、野外で授業を行いました。

→ 戦前の学校制度 **1巻** 11ページ

雨が降ると

青空教室とは

戦争が終わると、地方に疎開していた子どもたちが都会にもどってきました。しかし、空襲などで校舎が焼けてしまったり、教室の数が足りなくなったりしたため、野外で授業を行いました。これを青空教室といいます。校庭やプール、木の下など、さまざまな場所が教室になりました。

墨ぬり教科書とは

戦争が終わった年、学校ではすぐに授業が再開されましたが、戦争中に使われていた教科書しかありませんでした。そのため、軍国主義*1的な内容を墨で黒くぬりつぶして、授業に使いました。教科書は、先生の指示にしたがって、子どもたちが黒くぬりつぶすこともありましたが、どこをぬりつぶすか先生もよくわからないことも多く、指示もまちまちでした。

小学校6年・中学校3年が義務教育に

1947（昭和22）年に、小学校6年、中学校3年、高等学校3年の「6・3・3制」が採用され、義務教育が中学3年までの9年間になりました。また、それまでは、男子と女子が別々の教室で授業をうけていましたが、戦後になると男女共学がふつうになり、男子も家庭科の授業をうけるようになりました。

※1 軍国主義…軍事力を中心に国をさかんにしようとする考え。

先生の言うことにとまどった…

戦争が終わると、それまで先生が「現人神」といっていた天皇は「人間」になり、「正しい戦争」は「悪い戦争」になりました。親から、「先生が教えることをちゃんと聞きなさい」と教えられてきたぼくたちは、何を信じたらいいのかとまどいました。

 教科書は、墨をぬるだけでなく、ページ全体を切り取ったり、別の紙を上からはったりすることもありました。

3. 敗戦から復興へ

←青空教室のようす
【毎日新聞社】

↓戦後に登場した
1年生の国語の教科書
会話文を主体とした教科書です。色あざやかなさし絵がたくさんのっていました。
【第6期国定教科書『まことさん はなこさん』／国立教育政策研究所教育図書館】

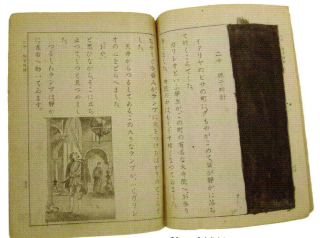

↑墨ぬり教科書 【奈良県立図書情報館】

子どもたちはDDTの粉で真っ白に

戦争中の人たちは、シラミという小さな虫による頭や体のかゆみになやまされていました。

戦後、日本にやってきた進駐軍（アメリカを中心とする連合国軍）は、シラミを駆除するためにDDTという白い粉の薬を大量に持ちこみました。子どもたちや海外からの引揚者たちは全員、頭からこのDDTをふきつけられて真っ白の粉だらけになったのです。

→DDTの粉を頭からかけられる子どもたち
【毎日新聞社】

1. 戦争の始まり 2. 戦争の激化

戦災孤児

戦争が終わると、空襲で家を焼かれ、家族をうしなった子どもたちが街にあふれました。

→ 空襲 2巻 28ページ
→ 原爆 2巻 32ページ

生きるために

戦災孤児とは

　戦争でたよるべき身寄りを失った子どもを、戦災孤児といいます。空襲で親をなくしたり、海外から引き揚げるときに親とはぐれてしまったりして孤児になった子も多くいました。戦争直後の日本には、12万人以上の孤児がいたといわれています。

どんな生活をしていたの？

　空襲で家を焼かれて住む場所がない孤児は、駅の構内やガード下、路上などで寝起きをしました。くつみがきや新聞売り、くずひろいなどをしてお金をかせぐ子もいましたが、飢えをしのぐために、仲間と組んでお金や物をぬすむ子もいました。衛生状態が悪いので、病気になったり、栄養失調になったりする子もたくさんいました。

むりやり施設に収容

　戦災孤児は、浮浪児ともよばれ、社会問題になりました。国は、孤児たちを保護する施設をつくり、孤児たちを強制的に施設に住まわせました。しかし、施設の数は不十分で、せまい部屋にたくさんの子どもが入れられ、食べ物も粗末なものしかありませんでした。そのため、自由な生活を求めて施設を逃げ出す子もいました。

>>

大人ってすごい…

　戦災孤児は、かわいそうだと思うけれど、わたしたちもおなかがすいていて、孤児のことなんて考えられませんでした。けれども、わずかな食べ物やお金を知らない孤児にあげている人がいるのを見て、大人ってすごいなあと思いました。

 戦災孤児のなかには、養子として引き取られる子どももいました。子どもがほしくて引き取る人もいましたが、なかには、働かせるために孤児を引き取る人もいました。

3. 敗戦から復興へ

←くつみがきをする
　子どもたち
戦後、くつみがきをする子どもの多くは、戦災孤児でした。
【毎日新聞社】

→駅前にたむろする
　子どもたち
【毎日新聞社】

→警察にとらえられた子どもたち 【昭和館】
駅の地下道で寝起きしていた子どもたちが警察にとらえられたときのようすです。このあと、子どもたちは施設に収容されました。

戦災孤児をえがいたラジオドラマ

1947（昭和22）年に始まったラジオドラマ「鐘の鳴る丘」は、戦災孤児の施設を舞台に、孤児たちの喜びや悲しみをえがいて、人気を集めました。その後「鐘の鳴る丘」は、映画や紙芝居、絵本などにもなりました。

→「鐘の鳴る丘」の紙芝居
【昭和館】

戦争のお話
"原爆によって家族を失い、孤児として生きた人の体験"

原爆孤児であることをかくして

川本省三さん
（当時10歳）

1933（昭和8）年、広島市生まれ。1945年8月6日、学童疎開中に原爆で家族を失い、姉と2人だけ残されるが、その姉も間もなく亡くなる。その後、原爆孤児として苦難の人生を生き抜く。

姉と2人で家族の骨を拾う

広島に原爆が落とされた日、わたしは50キロ離れた村に学童疎開していました。広島に空襲がせまっていたため、市内の小学3～6年生は家族と離れて集団疎開させられていたからです。

1945（昭和20）年8月6日、8時15分、広島市上空で原子爆弾が爆発。一瞬にして広島の人も建物もすべて焼きつくされました。

わたしより5歳年上の姉は広島駅で働いていましたが、助かりました。その姉が3日後にわたしをむかえに来てくれました。広島に帰ったわたしたちは、家のあった場所を探しました。そして、がれきの中から母と弟と妹の骨らしきものを拾い、2人で埋葬しました。父親とすぐ上の姉は出かけていたので、どこで亡くなったかわかりません。

次の日から、わたしと姉は広島駅の一角に場所を借りて生活を始めました。姉は駅の仕事、わたしは鉄くず拾いなどをしてくらしました。

ところがわずか半年後、姉は高熱に苦しんだあげく白血病で死んでしまいました。わたしはとうとうひとりぼっちになりました。

その後、市外に住んでいた伯父さんがわたしを引き取りに来て、すぐに施設に連れていきました。ところが、施設は孤児でいっぱいで入れてくれません。「入れろ！」「入れられない！」の押し問答を、わたしは悲しい気持ちで聞いていました。

運良く、近所のしょう油屋さんが、11歳のわたしをかわいそうに思って引き取ってくれることになりました。わたしは、食べさせてもらえる感謝の気持ちで、一生懸命働きました。

そのころ、広島で路上生活をしていたおよそ2000人もの孤児たちは、タオルや石をしゃぶったり、捨てられた新聞を食べたりして飢えをがまんしていました。農家の炊き出しがあった11月までは、路上に孤児が大勢いましたが、12月以降は、寒さと飢えで次々と亡くなっていったそうです。

いわれのない差別

10年あまりが過ぎ、23歳になったわたしは、しょう油屋さんに家を建ててもらいました。次は結婚です。そう思って、好意を持った女性の家に申し込みに行きました。すると相手の親は、

「あんたは広島じゃろ。広島の人は放射能に汚染されとる。あんたと結婚させたら障害がある子が生まれる。あんたも長生きせん」と、断られました。わたしは何も言い返せませんでした。

くやしさと絶望で、長年お世話になった家を飛び出したわたしは、あてもなく広島に出ました。

成人した原爆孤児たちは、学歴がなく保証人もいないため就職ができませんでした。受け入れてくれるのはヤクザ（暴力団）だけです。広島の街はヤクザの街になっていました。わたしは運転免許を持っていたのでヤクザにはならず、運送屋さんの手伝いをしてくらしました。

わたしが30歳を過ぎたある日、交通違反の反則金として2000円を要求されました。けれども600円しか持っていません。そのとき、わたしはあまりにも情けなくなって（もう死のう）と思いました。ただし、この広島では死にたくありません。わたしのことを知らない土地で死にたかったのです。600円をはたいて切符を買い、汽車に乗りました。汽車は岡山駅に着きました。駅を出ると、うどん屋さんの「住み込み店員募集」という張り紙が目に飛び込みました。それを見たとたん、「わたしのことを原爆孤児だと知らない土地でなら、人生をやり直せるかも知れない」と急に考えが変わったのです。「何事もあきらめるな、お前はやればできる」という母の声が聞こえてきました。

うどん屋さんのご主人は「あんたがやる気があるならやってみなさい」と言ってくれました。

それから3年間、必死で働きました。

その後、配達先で出会った人や仕事場で知り合った仲間たちの協力もあって、わたしは会社を作り、社長になりました。ただし、わたしが原爆孤児であることはだれにも話しませんでした。

友だちのおかげで広島へ

60歳になったある日、突然広島から電話がかかってきました。いっしょに疎開していた仲間でした。わたしの居場所を探して50周年の集まりに声をかけてくれたのです。仲間がわたしのことを覚えていてくれたことがうれしくてたまりませんでした。仲間の電話で、わたしは「人生の最後は広島に戻ろう」と決めました。

退職後、広島に戻ってみると、わたしたち原爆孤児のことがすっかり忘れ去られていることを知りました。原爆資料館にも1枚の写真が展示されているだけです。原爆孤児であることをかくして生きてきたわたしですが、今では仲間とともに、原爆孤児の苦難を次の世代に語り伝える活動をしています。

自分に自信をもつために

川本さんたち原爆孤児は、勉強がしたくてもできませんでした。また、自分がのぞむ職業にもつけませんでした。

川本さんはこう言います。「みなさんは何のために勉強をしているのか。それは自分に自信を持つためです。また、勉強のほかに自信を持たせてくれるものは友だちです。友だちを大事にしてください。」

進駐軍と戦後の遊び

→ 独立回復 3巻 44ページ

戦争が終わってすぐは遊ぶ道具はあまりありませんでしたが、友だちと日がくれるまで遊んでいました。

ギブ・ミー・チョコレート

進駐軍がくるとガムやお菓子をもらえるな。
アメリカはこの前まで敵だったのに。

戦争中は日本人の誇りを失うなと言ってたな。
たしかに。

進駐軍とは

戦争に負けた日本は、アメリカを中心とする連合国軍の占領下におかれました。進駐軍とは、日本に駐留した連合国軍のことです。連合国軍が日本を占領・管理するために設置した連合国軍最高司令官総司令部の英語名 General Headquarters を略して、「GHQ」ともよばれました。

お菓子をくれたアメリカ軍の兵士

日本に駐留したアメリカ軍を、日本の人たちははじめはおそれていました。しかし、多くの兵士たちは明るく紳士的で、しだいに安心しました。子どもたちにチョコレートやガムを配る兵士もいて、子どもたちは進駐軍を見つけると、「ギブ・ミー・チョコレート」（チョコレートをください）と言いながら、兵士たちのところに集まりました。

草野球、紙めんこ、紙芝居

戦後、子どもたちは、空き地や道路で遊びました。このころはまだ自動車も少なく、道路も子どもたちの遊び場でした。ラジオで野球中継もあり、男の子は野球に熱中しました。ベーゴマ（鉄でできたコマ）や紙めんこも人気で、勝負に勝った子は、負けた子のベーゴマや紙めんこを自分のものにしました。1953（昭和28）年にテレビ放送が始まるまでは、紙芝居や貸本が人気でした。

あまいお菓子が夢のよう…

戦争中はあまいお菓子を食べることが少なかったので、戦後、進駐軍の兵士がくれるガムやチョコレートを食べたときは、あまりにもおいしくて夢のようでした。ぼくたちは敵を「鬼畜米英」とよんでいたことなんか、すっかり忘れていました。

ジープに乗った進駐軍の兵士が、ビールの空き缶をよく捨てました。子どもたちは、空き缶をひろって、「外国のビールだぞ」と友だちに自まんしました。なかには、空き缶でおもちゃをつくる子どももいました。

3. 敗戦から復興へ

進駐軍の兵士

↑子どもたちにアイスキャンディを配る進駐軍の兵士 【昭和館】

紙芝居

↑紙芝居の前に集まる子どもたち 【昭和館】

←布グローブ
皮のグローブは高かったので、布で母親に作ってもらったものです。
【昭和館】

→紙めんこ
めんこを地面にうちつけて、相手のめんこを裏返したら勝ちです。
【北名古屋市歴史民俗資料館】

学校給食が再開した

学校給食は、1889（明治22）年、山形県の小学校ではじめて出されました。その後、全国に広がりましたが、戦争の影響で一時中断しました。

戦後の日本では食べ物が不足しましたが、子どもたちのひどい栄養状態を知ったアメリカから小麦粉や脱脂粉乳が送られたことをきっかけに、学校給食が再開しました。

▶パン

▼お湯でとかした脱脂粉乳

↑→戦後に再開した学校給食（復元） 【昭和館】

➡ さくいん・用語解説 ①

[* 青い字の用語は，この本の中の
くわしいページを読んでみましょう。]

青空教室 —————————————————— 38

一億玉砕 —————————————————— 27

慰問袋 ——————————————————— 14

学童疎開 —————————————————— 30

学校給食 —————————————————— 45

鬼畜米英 —————————————————— 27

教育勅語 —————————————————— 12

勤労動員 —————————————————— 28

勤労奉仕 —————————————————— 28

空襲 ➡ **2巻** 28ページ

空襲警報 ➡ **2巻** 27ページ

軍国主義
　軍事力の強化を最も重要だとする考え。日本では、1931年の満州事変以後に、この傾向が強まり、軍隊やそれを動かす指導者が、軍備を拡充し、政治・経済・教育・文化など国民生活を軍の都合のよいように支配した。

軍事教練 —————————————————— 26

軍需工場
　武器・弾薬をはじめとする軍需品を開発・製造・修理・貯蔵・支給するための施設。太平洋戦争末期には、労働力不足を補うため、中学生や女学生が軍需工場へ勤労動員された。

欠食児童
　家庭の貧困や食料不足などのため、満足に食事がとれない子どものこと。太平洋戦争末期から戦後にかけての食料不足は深刻で、学校に弁当を持って行けない児童が続出した。

皇民化教育 ————————————————— 23

国定教科書
　国が作成して、全国の学校で使われた教科書。小学校の教科書は、1904（明治37）年から用いられ、太平洋戦争中は師範学校や中学校でも使われた。国定教科書は、1947（昭和22）年に廃止された。

国民学校 —————————————————— 22

国民服
　日中戦争中の1940（昭和15）年から敗戦時まで、日本の男性の日常着・礼服として着用された服。国民の衣生活の合理化・簡素化を目的として、1940年11月1日に「国民服令」として制定。

孤児収容所
　戦争によって親や親せきなどの保護者を失った孤児（戦災孤児）が収容され、保護された施設。戦災孤児は、約12万人にのぼったが、孤児収容所の数が少なく、施設に入れた孤児は約1万人と、ごくわずかだった。

国家総動員法
　戦争のために、国の経済や国民生活をすべて統制できる権限を政府にあたえた法律。1938（昭和13）年に制定された。これにより、太平洋戦争終結まで、物資・労働力・資金などが戦争のために利用され、国民生活に必要な品物の生産が減らされるなど、戦時体制が続いた。

四大節 ——————————————————— 13

少国民 22

尋常小学校 10

進駐軍 44

墨ぬり教科書 38

戦災孤児 40

戦争かるた 16

大日本帝国

1889（明治22）年に発布された大日本帝国憲法下で使用されていた日本の国名。最盛時は、現在の日本の領土に加え、南樺太、千島列島、朝鮮半島、台湾などを領有したほか、東アジアや太平洋にいくつかの委任統治領や租借地を保有した。

太平洋戦争

1941（昭和16）年12月から1945（昭和20）年8月まで、太平洋・中国・東南アジアを中心に、日本とアメリカ合衆国・イギリス・オランダなど連合国との間で行われた戦争。

朝鮮半島

ユーラシア大陸の東端に位置する半島。日本は1910（明治43）年から1945（昭和20）年まで、朝鮮半島を植民地として支配していた。現在は、朝鮮半島には大韓民国（韓国）と朝鮮民主主義人民共和国（北朝鮮）がある。

DDT 39

手旗信号 24

日中戦争

1937（昭和12）年から1945（昭和20）年8月までつづいた、日本と中国との戦争。満州（現在の中国東北部）を支配し、さらに華北（現在の中国北部）への侵略をはかった日本軍と、日本に抵抗する機運が高まっていた中国軍が、北京郊外の盧溝橋で衝突し、日中戦争がはじまった。やがてアメリカ・イギリスなどが中国を援助し、戦争は長期化した。日本は国家総動員法を制定するなどして，戦時体制を強化したが、戦争は解決のつかないまま泥沼化し、太平洋戦争へと突入した。

風船爆弾 29

奉安殿 12

防空ごう   ➡ 2巻 27ページ

防空頭巾

中に綿などをつめた、頭だけでなく肩や首をすっぽりとおおう形をしている。空襲の際にかぶり、落下物や破片の衝突から頭部や顔を守った。

満州国

満州事変によって、日本が占領した満州（現在の中国東北部）につくりあげた国家。国際連盟はリットン調査団を派遣し、日本軍の行動を不当とし、満州国もみとめなかった。このため、1933（昭和8）年、日本は国際連盟を脱退。満州国は1945年の日本の敗戦とともに消滅した。

満州事変

1931（昭和6）年、満州（現在の中国東北部）で起きた日本軍と中国軍との武力衝突。日本軍が奉天（現在の瀋陽）郊外で鉄道爆破事件（柳条湖事件）を起こし、これを中国軍のしわざだとして、満州を占領した。実質的には日本による中国への侵略戦争。

モールス符号 24

			〈監修〉大石 学（東京学芸大学副学長）	NDC210

デザイン　　　星 光信（Xing Design）

表紙イラスト　福田利之

まんが　　　　大塚洋一郎

本文イラスト　山野辺 若（戦争のお話）

原稿執筆　　　松本義弘（オフィス・イディオム）

校正協力　　　鈴木一史／花岡敬太郎／小嶋 圭／關谷和也

編集協力　　　オフィス・イディオム

取材協力　　　知覧特攻平和会館／広島平和記念資料館／ひめゆり平和祈念資料館／平和祈念展示資料館

写真協力　　　アフロ／伊丹市立博物館／沖縄県平和祈念資料館／北名古屋市歴史民俗資料館／
　　　　　　　国立教育政策研究所 教育図書館／埼玉県平和資料館／札幌市／滋賀県平和祈念館／
　　　　　　　昭和館／つきさっぷ郷土資料館／長崎原爆資料館／奈良県立図書情報館／福島県立博物館／
　　　　　　　長谷川直樹／広島平和記念資料館／平和祈念展示資料館／北海道博物館／毎日新聞社／
　　　　　　　みたかデジタル平和資料館／森永製菓株式会社

参考文献　　　『アジア・太平洋戦争辞典』（吉川弘文館）／『子どものとき戦争があった』（いのちのことば社）／
　　　　　　　『尋常小学校ものがたり』（竹内途夫著・福武書店）／『資料が語る戦時下のくらし』（羽島知之著・麻生プロデュース）／
　　　　　　　『戦時下の子どもたち』（ビジネス社）／『戦争の中の子どもたち』（山中恒著・河出書房新社）／
　　　　　　　『目で見る戦争とくらし百科』（日本図書センター）／『わたしたちの戦争体験』（学研）　など

子どものくらし
（100人が語る 戦争とくらし 全3巻①）

学研プラス　2017　48P　29cm
ISBN978-4-05-501210-2　C8321

100人が語る 戦争とくらし

❶ 子どものくらし

2017年 2 月21日　初版第 1 刷発行
2019年 3 月 6 日　第 4 刷

監　修　　大石 学

発行人　　黒田隆暁

編集人　　代田雪絵

発行所　　株式会社 学研プラス
　　　　　〒141-8415　東京都品川区西五反田2-11-8

印刷所　　株式会社 廣済堂，トッパンコンテナー株式会社

●この本に関する各種お問い合わせ先

本の内容については　Tel 03-6431-1551（編集部直通）
在庫については　　　Tel 03-6431-1198（販売部直通）
不良品（落丁，乱丁）については　Tel 0570-000577
　学研業務センター　〒354-0045 埼玉県入間郡三芳町上富 279-1
上記以外のお問い合わせは　Tel 03-6431-1002（学研お客様センター）

©Gakken
この本の無断転載，複製，複写（コピー），翻訳を禁じます。
本書を代行業者等の第三者に依頼してスキャンやデジタル化することは，
たとえ個人や家庭内の利用であっても，著作権法上，認められておりません。